ケヴィン・ケリー
池村千秋 訳　服部 桂 解説

生きるための最高の知恵

Excellent Advice for Living : Wisdom I Wish I'd Known Earlier

ビジョナリーが未来に伝えたい500の言葉

日経BP

Excellent Advice for Living
Wisdom I Wish I'd Known Earlier
by
Kevin Kelly

誰よりも、わが子である
ケイリーン、ティン、タイウェンに本書を捧げる

はじめに

これは偶然生まれた本だ。最初から執筆の計画があったわけではない。

始まりは、自分の子どもたちに向けて人生のアドバイスを記し、ネットで公開したことだった。すると大反響を呼び、その後も、新しいアドバイスを公開すると、そのたびに大きな話題になった。そうこうするうちに、アドバイスがたくさんたまったので、それをひとつにまとめたいと思った。

こうして出来上がったのが、いまあなたの手元にある、このささやかな本だ。書籍のかたちになったことで、よりよい人生を生きたいと思っている人たちに、アドバイスを伝えやすくなった。

この本で目指したのは、長い歴史を通じてその効果が実証されてきた知恵を伝え、僕自身の言葉で、つまり現代に生きる人々が用いる日常の言葉で表現することだった。

古代ギリシャのストア派哲学者や聖書や古代中国の思想家に由来する知恵だったとしても、今日の人たちがピンとくる言葉で表現したいと思ったのだ。本書で紹介する知恵は、世界のどこにいても通用するものだ。その意味で、ここに日本語版をお届けできることをとてもうれしく思っている。

もともと、これらの知恵を書き留め始めたのは、僕自身が覚えておいて、自分の生き方に役立てることが目的だった。記憶に残りやすいように、なるべく簡潔に表現するようにした。僕の人生にとくに当てはまる知恵も一部含まれているかもしれないが、ほとんどは普遍的な価値がある知恵だ。

その価値は、将来どのような新しいテクノロジーが登場しても変わらないだろう。

本書にまとめた知恵は、感謝すること、人に親切にすること、楽観的であることの大切さなどに関わるものだ。本書を通じて、あなたがこうした振る舞いを実践するための支えとなればうれしい。あなたがそれを実践できれば、あなた自身と周囲の人たちの人生がよりよいものになる。少なくとも、僕自身の経験ではそうだった。

どのような知恵を本書に盛り込むかに関しては、次の3つの基準に従った。

第一は、簡潔であること。その気になれば本を1冊書けるような内容を、ツイッター（現「X」）の投稿程度の文字数に圧縮するよう努めた。第二は、前向きでポジティブな内容であること。斜に構えていたり、ネガティブだったりする言葉を収録することは避けた。第三は、自分が本当に正しいと思っているものであること。僕の人生で有効だったものや、僕自身が賛同できるメッセージだけを選んだ。単に耳あたりがいいという理由で収録することはしなかった。

つまり、この本に記されているすべてのアドバイスは、僕が心から信じているものなのだ（つねにすべてを実践できていると言うつもりはないが）。

本書の英語版が出版されたあとも、新しいアドバイスを書き留め続けた。自分がすでに知っていたことの中で、若い人たちも知っておいたほうがいいと思えることを次々と思いついた。

また、今でも、僕自身がもっと若いときに知っておきたかったことを新たに学び続けている。そこで、日本語版の編集部から「もっとアドバイスがないか」という問い合わせがあったとき、すぐにこう答えることができた――「あるよ！」と。英語版に収録したアドバイスの数は460個。この日本語版では40個のアドバイスを追加した。したがって、本書にはちょうど500個のアドバイスが収録されている。

すべての知恵があなたにとって有益ということはないだろう。それでも、多くは有益と思ってもらえるのではないかと自負している。

この本は、言ってみれば、コンピュータの「圧縮ファイル」のようなもの。自分でゆっくり「解凍」して、有益なアドバイスを見つけてほしい。時間をかけて読むことをお勧めしたい。1日に2個、あるいは3個くらいずつ読み進めてもいいだろう。

そして、目の前の言葉を自分の人生にどう役立てられるかを考えてみよう。もし役に立ったと思えるものがあれば、あなたのまわりの若い心をもっている人たちにも教えてあげてほしい。

ケヴィン・ケリー

生きるための最高の知恵——ビジョナリーが未来に伝えたい500の言葉

目次

僕が若いときに
知っておきたかったこと

001

意見が違う人や
腹立たしく思える人からも
学ぶようにしよう。
そうした人たちの言葉にも
真理が含まれているかもしれない。

002

情熱をいだいていることには
IQで25ポイント分の価値がある。

003

上手に聞く力はひとつの超能力だ。
大切な人の話を聞くときは
相手の言葉が尽きるまで
ずっと問いかけ続けよう。
もっと聞かせてほしい、と。

004

かならず締め切りを決めよう。
そうすれば、ピントがズレたものや
平凡なものを排除できる。
完璧を目指せない代わりに
独自性があるものを
生み出さなくてはならなくなる。
独自性があることはつねに好ましい。

005

こんな質問をしたら
間抜けだと思われないかと
恐れる必要などない。
99%のケースでは
その場にいるすべての人が
同じ思いでいるけれど
恥ずかしくて聞けないだけだ。

006

人生は試作品づくりのプロセスだ。
壮大な計画を練るよりも
実際に試すことから始めよう。

007

あなたが誰かを許したのに
相手が気づかなかったとしても
あなた自身が癒やされる。
許すことは
他人のためではない。
それは自分への贈り物なのだ。

008

なにかが「できない」ことは
恥ずかしいかもしれない。
でも、いま「学んでいる」途中なら
それは称賛すべきことだ。
この2つの違いを分けるのは
いくつかのとても小さな行動である。

009

ほかの誰かの物差しで
あなたの人生を
測ってはならない。

010

人は自分がどんなことに
腹が立つかを語るとき
その人にとって
なにが重要かを語っている。

011

ものを収集することが
価値を生むのは
コレクションを大々的に展示して
大勢に披露する場合だけ。
展示されない収集品はただのガラクタだ。

012

休憩を取ることは
あなたが弱い証拠ではない。
あなたが強い証拠だ。

013

旅をするときに重要なのは
いろいろなものを置いていくこと。
置いていくものが多ければ多いほど
遠くまで行くことができる。

014

議論を吹っかけられても
すべて受けて立つ必要はない。

015

有意義な年間目標を立てたいなら
あるテーマを今後1年かけて学んで
最終的に1年前の自分が
いかに無知だったかを
痛感することを目標にすればいい。

016

理屈抜きでなにかを信じている人を
理屈で説得して
考えを変えさせることはできない。

017

感謝することは、すべての美徳の出発点だ。
しかも、感謝することは上手になれる。

018

「やるべきことリスト」が原因で
不安になっているときは
「やったことリスト」をつくればいい。

019

ご馳《ち》走《そう》されてうれしくない人はいない。
しかも、実践するのは簡単だ。
それは、古い友人にも喜ばれるし
新しい友人をつくる手段にもなる。

020

痛みは避けられないが
苦しみを感じるかどうかは
あなた次第だ。

021

家の中でなにかを探して
やっと見つかったら、
使い終わったあとで
見つけた場所に
戻してはならない。
それを置くべき場所は
あなたが最初に探した場所だ。

022

移動＋多様性＝健康

023

カードで借金をしてはならない。
唯一許されるのは
住宅のように
将来、値上がりする可能性が
きわめて高いものを
購入するための借金だ。
ほとんどの品物の転売価値は
購入した次の瞬間から
減少し始めたり
ときにはゼロになったりする。
その類いのものを買うために
借金をすべきでない。

024

自分を知る方法のひとつは
ほかの人のどんな点に
腹が立つかを考えることだ。

025

ばかばかしいくらい野心的な目標を
追求することの利点は
たとえ目標を達成できなくても
平凡な成功を上回る成果を
上げられることだ。

026

収入の10％を寄付すれば
あなたが使えるお金は10％減る。
けれども、それと引き換えに
あなたの幸せは110％増える。

027

最良の学習法は
学んだことを誰かに教えることだ。

028

正しくあることと優しくあることの
二者択一を強いられたときは
つねに「優しさ」を選ぼう。
優しさを弱さと誤解してはならない。

029

人生の節目のイベントを
もっと大切にすべきだ。
子どもが成人したら
家族で記憶に残るお祝いをしよう。
子どもたちが将来立ち戻れる
思い出の瞬間になるだろう。

030

交渉で「イエス」を引き出したければ
相手にとって「イエス」がもつ意味を
真に理解しなくてはならない。

031

卓越した成果を上げたいなら
前の年に比べて
ほんの少しでも改善を目指すこと。
それを毎年繰り返せばいい。

032

絵を描けば、自分に見えているものがわかる。
文章を書けば、自分が考えているものがわかる。

033

どの道に進めばいいか
判断に迷うときは
変化をもたらす道を選べ。

034

スーパーのレジで最も速い列は
並んでいる人が最も少ない列だ。
カゴの商品の量は関係ない。

035

怒りを爆発させるのは
ひとまず明日に延期しよう。

036

好ましい行動を実践するためには
やる気を奮い起こすより
それを習慣にしたほうがうまくいく。
習慣化は進歩への道だ。
痩せようと念じるのではなく
運動をサボらないことを目指そう。

037

自分がいちばん賢い人物である場に
身を置き続けてはならない。
自分より賢い人たちと付き合い
その人たちから学ぼう。
自分より賢く、しかも意見が違う人と
付き合えれば理想的だ。

038

常識を超えた主張には
常識を超えた強力な証拠を
つねに要求すべきだ。

039

「3」の法則を覚えておこう。
相手の真意を知りたければ
最初の返答で満足せず
2度、そして3度尋ねるべきだ。
真実に最も近いのは
3度目に相手が述べたことである。

040

プロだって素人と同じくらい
失敗している。
違いは、失敗しても
慌てず騒がず
立ち直る方法を
身につけていることだ。

041

最高を目指すな。唯一無二の存在であれ。

042

人は誰もが内気な面をもっている。
ほかの人たちは
あなたが声をかけてくるのを
あなたがメールを送ってくるのを
あなたがデートに
誘ってくれるのを待っている。
だから、勇気を奮って
あなたのほうから行動を起こそう。

043

あなたが相手に興味を示すほど
相手もあなたに興味をもつ。
まず、あなたが興味をいだこう。

044

誘いを断られても傷つく必要はない。
誰だって、忙しかったり
ほかのことで頭がいっぱいだったり
上の空だったりするときはある。
あとでもう1度誘ってみると
驚くほど、うまくいく場合がある。

045

ものごとを習慣化することの利点は
迷う余地をなくせることだ。
行動すべきかどうかを決めるために
エネルギーを浪費しなくなり
言い訳せずに実行するようになる。
習慣化する行動は
嘘をつかないことでもいいし
歯磨きを忘れないことでもいい。

046

時間厳守は
相手への
敬意の表れである。

047

若いうちに半年か1年くらい
できるだけお金を使わずに暮らす
経験をしておくといい。
なるべくものを所有せず
質素な食事で済ませ
狭いアパートやテントで生活する。
その経験をしておけば
将来リスクを負って行動するときに
最悪のシナリオが怖くなくなる。

048

嘘じゃない。「アイツら」だって同じ人間だ。

049

小さなことを疎《おろそ》かにしてはならない。
山で命を落とす人よりも
小さなけがで死ぬ人のほうが多い。

050

リーダーの役割のひとつは
メンバーへの期待を語ることだ。
本人が自分自身にいだいているよりも
大きな期待を寄せてもいい。
メンバーに少し難しい課題を課して
それを達成できると信じよう。

051

フィードバックを求めれば
あなたは批判者を獲得する。
アドバイスを求めれば
あなたはパートナーを獲得する。

052

自分がしてほしいことを他人にせよ。
これはあらゆる美徳の大原則だ。

053

単によいものをつくるだけでなく
傑出したものをつくりたければ
やり直し、やり直し、やり直すこと。
目を見張るものをつくる秘《ひ》訣《けつ》は
何度もやり直すことだ。

054

正直な人を騙《だま》すことは難しい。
これは真理だ。

055

思考の幅を広げたければ
自分の足で歩いたり
手で書いたりして考えよう。
頭の中だけで考えてはならない。

056

最初に買う道具は安物で十分だ。
よく使う道具があれば
高いものに買い替えればいい。
そして仕事で使うものは
できるだけ高価なものを買おう。

057

「やるべきことリスト」を減らすには
「この課題を完了しなかった場合の
最悪の事態はなにか」と考えればいい。
大惨事を招くもの以外は
リストから外しても大丈夫。

058

許可されていない場所を通行するときは
関係者のような顔をして通ればいい。

059

失敗の責任を取ることほど
人を大きく成長させる経験はない。
失敗したときは潔く認めよう。
責任を認めることの
効果を実感できるだろう。

060

憎悪の言葉は、その標的にされた人ではなく
その言葉を吐いた人にだけ害を及ぼす。
憎悪の言葉を発するときは
毒物を扱うように慎重であるべきだ。

061

ほかよりも給料が高いという理由で
職を選んではならない。

062

顧客のためにこだわる道と
ライバル業者を倒すことにこだわる道。
どちらのやり方も有効だが
顧客のためにこだわるほうが
大きな成果を生み出せる。

063

「ノー」という返事は
理由が示されなくても
受け入れるべきだ。

064

創造のプロセスと改善のプロセスは
はっきり分けたほうがいい。
執筆と編集、彫刻と仕上げ、制作と分析は
同時並行では実行できない。
内なる「編集者」が内なる「創作者」に
ブレーキをかけてしまうからだ。
発明するときは選別せず
スケッチするときは点検せず
最初の草稿を書くときは推敲《すいこう》しないこと。
評価をくだそうとする結果、
創作の精神を縛らないことが重要だ。

065

ときどき失敗しない人は
惰性で毎日を生きているだけだ。

066

宇宙で最も意外な真理は
ほかの人に与えれば与えるほど
自分が多くのものを
得られるという点かもしれない。
それを知ることは
真の叡《えい》智《ち》に到達する第一歩だ。

067

大切なのは、やめないこと。
成功の99％は、やめなかった結果である。
成功とはたいてい粘り勝ちなのだ。

068

友情はお金に勝る。
お金でできることの大多数は
友達のほうがうまくできる。
船をもっている友達がいることは
自分で船をもつより好ましい。

069

探し物があるときは
95%の確率で
最後に見かけた場所から
手の届く範囲にある。
その範囲内を
くまなく探してみよう。

070

休暇＋惨事＝冒険

071

慌てるとろくなことはない。
急いでいる人は
騙されたり
詐欺にあったりしやすい。

072

人を許すとは
相手が謝らないとわかっていても
それを受け入れること。

073

身につけたい習慣があるときは
「できるかできないか」ではなく
「やるかやらないか」と考えよう。
迷う余地がなくなり
その行動が自分の一部になる。

074

できるだけ気前よくなろう。
人に多くのものを与えすぎたと
死の床で後悔する人はいない。
墓場でいちばんの富豪になっても
なんの意味もない。

075

教師や親や顧客や
ファンや友達の存在価値は
あなた自身が気づくよりも早く
あなたの人間性の変化に
気づいてくれることだ。

076

新しい挑戦をするとき
どこまで上達できるかに限界はない。
改善に上限はないのだ。

077

大がかりなプロジェクトは
90％完了したあとの最後の仕上げに
それまでと同等の労力が必要だ。
家や映画をつくるときは
90％の苦労を2度経験するものと
覚悟しておいたほうがいい。

078

まだ若いうちに
できるだけ多くの葬式に参列して
周囲の会話に耳を澄まそう。
誰も故人の業績は話題にしない。
人々の記憶に残るのは
その人がどんな人物だったかだ。

079

この世で実体のあるものはすべて
「かもしれない」から生まれる。
想像力は宇宙最強の力だ。
想像力は鍛えられる。
そのために有効なのは
常識だと思われていることを
無視することである。

080

危機に見舞われたときは
それを無駄にしてはならない。
問題を経験せずに進歩はない。

081

有名になりたいと思うべきではない。
理由は有名人の伝記を読めばよくわかる。

082

旅をするときは
まず都会を素通りして
いちばん不便な場所に向かい
最後に都会を訪ねよう。
そうすれば、不便な土地で感じる
衝撃を満喫できるし
帰路では便利な都会の
ありがたさを再認識できる。

083

将来なにかをしようと誘われたときは
自分が明日にでもそれをしたいかと
考えてから返事をしよう。
この「すぐやりたいか」の基準を
突破できるものは多くない。

084

電子メールで誰かを話題にするとき
本人に直接言えないことは
書かないほうがいい。
その言葉はいずれ本人の耳に入る。

085

職が必要だから雇ってほしいと
言うような働き手は
雇用主の困りごとを増やすだけだ。
採用されるのは、雇用主の困りごとを
解決できる人物である。
就職活動の際は
雇用主の立場に立って考えよう。

086

頼みごとと抱き合わせの褒め言葉は
本当の褒め言葉とは言えない。

087

アートの本質は
なにを引き算するかにある。

088

所有物が増えても
深い満足感はまず得られない。
それをもたらすのは経験だ。

089

あなたがどんな人間かを決めるのは
あなたが取る行動だ。
言葉や思考、選挙の投票先ではなく
どんなことに時間を費やすかが
あなたが何者かを決める。

090

調べごとには、「7」の法則がある。
7段階の調査をいとわなければ
どんなことでも調べがつく。
最初に尋ねた人が知らなければ
誰が知っていそうかを尋ねる。
その人も知らなければ同じことを尋ねる。
これを7人繰り返せば
ほぼ確実に正解にたどり着ける。

091

至福の経験を味わいたければ
少しだけ時間を割いて
あかの他人に手紙を送り
その人の行動を褒めてみよう。

092

誰かに意地悪されたり
敵意を示されたりしたときは
それを病気のようなものと思えばいい。
そうすれば、相手の立場に立って
考えられるようになり
対立が和らぐかもしれない。

093

雑然とした状況を整理すれば
真の宝物のための場所を生み出せる。

094

電話で勧誘や提案に応じてはならない。
返事を急がされるときは
しばしばペテンが隠れている。

095

経験は過大評価されている。
画期的な成果を上げるのはたいてい
はじめて挑戦する人物だ。
人を採用するときに大事なのは
適性と姿勢を見極めること。
スキルは採用後に磨けばいい。

096

謝罪するときは
素早く、具体的に、誠実に。
言い訳はすべてを台無しにする。

097

散髪の必要があるかどうかを
理髪師に尋ねてはならない。
相手の動機につねに注意を払おう。

098

「変わった子」だと
言われていた人は
目を見張る大人になれる
可能性がある。
その特徴を失わなければ
の話だが。

099

夢中になれるものがわからないまま
喜びを追い求め続ければ
やがて壁にぶつかる。
それよりも、若いときは
なにかに習熟することを目指そう。
その経験を通じて得られる視点は
自分が喜びを味わえる対象を
見つけ続けるために役立つだろう。

100

群衆や酔っぱらいを静かにさせるには
小声で囁《ささや》くだけでいい。

101

誰かに物を貸すときは
プレゼントしたつもりでいよう。
そうすれば、返してもらえた場合に
驚きと喜びを感じられる。

102

どんなに若い人でも
自分がある活動をしている理由を
ときどき自分に問うべきだ。
よい答えを思いつかなければ
その活動はやめてしまっていい。

103

「取引」を「関係」に変えれば
人生はより充実する。

104

バルコニーの奥行きは
2メートル以上必要だ。
それより狭いと使わなくなる。

105

小さい金額の投資を
長く継続すれば
奇跡のような効果がある。
問題は忍耐が続かないことだ。

106

いちばん大事なのは
いちばん大事なことを
いちばん大事にすることだ。

107

迷ったら、チップの金額は多めに。

108

強い子を育てたければ
一家がほかの家族と違う点を
はっきり話して聞かせ
家族を誇りに思えるようにしよう。
「うちの家族は○○だ」と
子どもが胸を張って
言えるようにするべきだ。

109

家族と口論になったとき
「あなた」や「お前」は禁句。

110

過去の自分について
恥ずかしく思う点がないなら
あなたはたぶん
まだ大人になれていない。

111

1度に荷物をすべて運べるかどうか
少しでも不安があるなら
自分を思いっきり甘やかして
2度に分けて運んだほうが賢明だ。

112

長い目で見れば
未来をつくるのは楽観主義者だ。
楽観主義者であるために
人類が生み出す問題の数々を
無視する必要はない。
人類の問題解決能力が
大きく改善すると想像するだけでいい。

113

ほかの誰かの急用に振り回されて
大慌てするのをやめよう。
そもそも、いかなる急用の類いにも
支配されてはならない。
真に重要なことに目を向けよう。
「急用」という暴君ではなく
「重要」という名君に従うべきだ。
さあ、急用の専制を打倒しよう！

114

恥ずかしいと思わずに
20分の昼寝をとれるようになろう。

115

逆説的に聞こえるかもしれないが
世界で最も邪悪な行為をするのは
自分が悪と戦っていると
信じ切っている人たちである。
自分が悪と対《たい》峙《じ》していると思っているときは
とりわけ自分の行動に警戒しよう。

116

誰かへの最も手厚い賛辞を
葬儀の日まで出し惜しんではならない。
称賛の言葉は、その人が生きていて
その言葉に意味があるときに伝えよう。
手紙を書くのも悪くない。

117

恐怖を増幅させるのは想像力の欠如だ。
恐怖の有効な解毒剤は
勇気ではなく、想像力である。

118

部下が転職できるように
その人のスキルを磨き
転職したいと思わせないように
大切にしよう。

119

想定どおりの失敗をしたのなら
それは失敗ではない。

120

スーパーヒーローや聖人は
アートをつくり出さない。
アートを生むのは不完全な人間だ。
アートは欠陥から始まるのだ。

121

「これはネズミ講ではない」と
説得しようとする人がいる場合は
ネズミ講だと思っていい。

122

カネのために創造しようと思わず
創造するためにカネを儲《もう》けよう。
よい仕事への報酬はさらなる仕事だ。

123

門を通ったあとは
元どおりの状態に戻しておくべし。

124

100年後には
いま正しいと思われていることの多くが
間違っていたとわかるだろう。
大間違いだった場合もあるかもしれない。
だから、「私が間違っている点は？」と
いま自分に問いかけよう。
これは、唯一の価値ある心配だ。

125

もやい結びを練習しておこう。
暗闇でも片手で結べるようにすべきだ。
今後の人生でそれが役に立つ機会は
あなたが想像しているよりはるかに多い。

126

私たちが最も大きな
ご褒美を手にできるのは
まだ名前がない
ものごとに挑むときだ。
可能であれば
そうした課題に取り組もう。

127

大きな目標を目指す際は
その過程でのささやかな成功を
盛大に祝福しよう。
そうすれば途中で挫折しても
大きな達成感を味わえる。

128

愛以外のあらゆることは
最初に出口戦略をもっておくべきだ。
やめ方を前もって考えておこう。
世のたいていのことは
始めるより終わらせるほうが難しい。

129

ほかの人に好かれようと思うな。
尊敬されることを目指せ。

130

自分に過失がなかったとしても
責任がないとは限らないと
理解しているのが成熟した人間である。

131

よいアイデアをひとつ生むためには
大量のダメなアイデアが必要だ。

132

未来を予測するときに難しいのは
未来がこうあってほしいという願望と
切り離して考えることである。

133

本人がいない場所で人を褒めよう。
その行為はいつかあなたに返ってくる。

134

一夜で成功したように見えることも
たいてい5年以上かかっている。
大きな成功はすべてそうだ。
そのつもりで人生の計画を立てよう。

135

祖父母の役割は祖父母であること。
親のように振る舞うべきではない。
親の家では親のやり方で
祖父母の家では祖父母のやり方で。

136

足りないのは時間ではない。
どうあがいても
そもそも時間は増えない。
本当に足りないのは集中力だ。

137

愚かな人間は
聡明な人が最初にやることに
最後の最後で
ようやくたどり着く。

138

幸せな結婚生活の秘訣は
双方が相手の言い分を
交互に全面的に受け入れること。

139

品物の値段が
示されていなければ
自分には手が出ないくらい
高額だと考えるべし。

140

すべての人の時間は有限で
しかも減り続けている。
お金の最も有効な使い道は
他人の時間を買うことだ。
用事はなるべく「外注」しよう。

141

侮辱を受けたときの最善の返答は
「そのとおりでしょうね」だ。
実際、そのとおりの場合も多い。

142

どんな理由にせよ
あなたのアカウント情報を
聞き出そうとする人物がいる場合、
その人が潔白だという証拠がない限り
詐欺師とみなしたほうがいい。
折り返し電話したり
自分で公式サイトにアクセスして
ログインしたりしよう。
電話やメールで連絡してきた人に
アカウント情報を教えることは禁物だ。
相手のペースに乗ってはならない。

143

恐怖は人を愚行に走らせる。
恐怖のもとでの決定を信用してはならない。

144

自分には厳しく、他人にはやさしく。
その逆は全員にとって地獄だ。

145

許可を求めることをやめれば
無限の力を手にできる。

146

情熱を傾けるのは
自分にぴったりのものがいい。
しかし、人生の目的は
身の丈より大きくあるべきだ。
大きな理想のために行動しよう。

147

子どもが「なぜ?」と問い続けるとき
大人として最も賢明な返答は
「わからない。きみはどう思う?」だ。

148

約束は控えめに、成果は多めに。
それが成功の方程式だ。

149

スケジュール表を見れば
あなたの優先事項がわかる。
友達の顔ぶれを見れば
あなたの未来がわかる。

150

誰かとアイデアを出し合ったり
一緒に即興で創造したりするときに
大きな成果を挙げたければ
「そうだね。そして——」という発想で
ほかの人のアイデアを土台にして
自分のアイデアを述べよう。
「違うよ。だって——」は逆効果だ。

151

所有するためではなく
成長するために
仕事をせよ。

152

ほかの人の弱点を
分析することは簡単だ。
自分の弱点を分析することは
それよりも難しいが
恩恵ははるかに大きい。

153

若いときは
年上の友達をもつべし。
年を重ねてからは
年下の友達をもつべし。

154

人生の使命《ミッション》を見いだしたとき
あなたの人生の使命《ミッション》は達成される。
あなたの人生の目的は
人生の目的を見つけることである。
逆説的に聞こえるとしても
これが人生の真理だ。

155

刃物を使うときは
手前から向こうに動かすこと。

156

冷静さは伝染する。
みんなのためにも
冷静に。

157

あなたに問題点を教える人は
たいてい正しい。
あなたに問題の解決策を教える人は
たいてい間違っている。

158

前回、思考様式を転換させて以降、
あなたは老い続けている。

159

ヒッチハイクをするときは
ドライバーが乗せたいと思う人間に
見えるように振る舞おう。

160

切るときは、2度測って1度で切れ。

161

お金の価値は過大評価されている。
真に新しいものを生むのに
潤沢な資金はたいてい不要だ。
億万長者でなくても発明はできる。
画期的なアイデアを生むのは
ほぼつねに、あまりお金がない人なのだ。
お金の力がものを言うのなら
金持ちほど多くのアイデアを生み出せるはずだ。
必要なのは、情熱と忍耐と信念と独創性。
これらは、若くて貧しい人たちこそ
豊富にもっている資質だ。
だから、ハングリーであり続けよう。

162

自分が欲しているものを
言えない場合、
あなたが欲しているのは
たぶん睡眠だ。

163

ほかの人の目を
気にするのはやめよう。
誰もあなたのことなど見ていない。

164

いちばんお金のかからない
セラピーは
1日ひとつずつ
感謝の言葉を書き記すこと。

165

意地悪な人は無視すればいいが
毎日行く先々で意地悪な人に会うなら
自分自身を見つめ直したほうがいい。

166

思考を変えて
行動を変えるよりも
行動を変えて
思考を変えるほうがずっと簡単だ。
自分を変えたければ
まず行動することから始めよう。

167

ネズミがいたと思うなら、気のせいではない。
そして1匹いれば、もっとたくさんいる。

168

どこから始めるかで悩むのは無意味だ。
前に進み続けていれば
いつかどこかで成功に到達できる。

169

目覚まし時計の一時停止ボタンは押さないこと。
それは二度寝の訓練にしかならない。

170

ある人のことを知りたければ
「最近の調子はどう?」ではなく
「睡眠の調子はどう?」と
尋ねたほうがいい。

171

概して、必要以上にしゃべらないほうが賢明だ。

172

人と会うときは
いつも朗報を伝えるようにしよう。
そうすれば、いつか問題を持ち込んでも
こころよく聞いてもらえる。

173

熱帯でも夜は想像以上に冷える。
温かい服を忘れずに。

174

真に価値あるプロジェクトには
けっして終わりがない。
仕事に上限がない以上、
仕事に費やす時間に上限を設けよう。
あなたが管理できるのは
仕事ではなく、自分の時間の使い方だ。

175

誰かの愚かな思い込みに対する
苛《いら》立《だ》ちを和らげるには
その人がそう思い込んでいる
理由を知ればいい。

176

新しいものを生み出すのに
いまほどの絶好機は二度とない。
20年後の偉大な発明は
まだこの世に存在していない。
いま始めても遅くはない。

177

憧れの人の影響を乗り越えたければ
臆面もなく模倣すること。
そうすれば、やがて影響を抜け出せる。
これはあらゆる達人が歩む道だ。

178

ものごとは完璧でなくても
素晴らしい場合がある。
とくに結婚式はそういうものだ。

179

行き詰まったときは一晩寝かせよう。
眠っている間に
潜在意識に仕事をさせるのだ。
朝には解決策が見えてくる。

180

人生で価値あるものはことごとく
複利の魔法の
効果によってもたらされる。
富も人間関係も知識もそうだ。
獲得したものを少しずつ地道に
増やしていく以外にない。
豊かになるための道は
1%ずつ増やし続けることだ。

181

三口だけで我慢できるなら
どんなデザートを食べても問題ない。

182

悪意に対しては
悪意で応じず
善意で応じるべし。

183

子どもは家庭のルールに全面的に従う。
ルールを強く欲してすらいる。
親が家庭のルールを決めるときは
「これがうちのルールだ」
という以上の説明は必要ない。
そもそも個人のポリシーに関しても
「これが私のルールだ」
という以上の説明は必要ない。

184

ねじは、締めたいときは右に
緩めたいときは左に回せ。

185

悪いことは、
瞬時に起きることもあるが
よいことは、
ほぼ例外なくゆっくり起きる。

186

人間は魂を運ぶ肉体ではない。
肉体を割り当てられた魂だ。
その肉体は自分では選べないが
それを手入れするのは
自分の役目だ。

187

締め切りのない
目標はただの
夢でしかない。

188

子孫にとって
よい祖先であるべし。
未来の世代から
感謝されることをしよう。
木を植えるだけでも意味がある。

189

スピーチで聞き手が
記憶できることは3つだけだ。

190

真に画期的なことが実現しないのは
あまりに難しそうに見えるからだ。

191

飛び抜けた人間になりたければ
本を読め。

192

終わりのあるゲームは
勝敗を決めることを目指す。
終わりのないゲームは
そのゲームを続けることを目指す。
終わりのないゲームに挑もう。
得られる報酬は無限大だ。

193

成功したければ、他人に金を払わせよ。
金持ちになりたければ
他人が成功するのを助けよ。

194

世界を変えるのは
あなたの意見ではなく、行動である。

195

お金で簡単に解決できる問題は
真の問題とは言えない。
問題の解決策が明白だからだ。
明白な解決策がない問題に
集中的に取り組もう。

196

どんな人でも
あなたがほぼなにも知らないテーマについて
驚くほど多くのことを知っている。
誰がなにに詳しいのかを
見極めることがあなたの仕事だ。

197

月並みであることに拒絶感をいだけ。

198

敵と戦うには
友達になればいい。

199

あなたが株式を買うとき
売り手はその株式の価値を
あなたより安く見積もっている。
あなたが株式を売るとき
買い手はその株式の価値を
あなたより高く見積もっている。
自分だけがもっている
情報はなにかを確認しよう。

200

結婚すれば、相手の家族との関係も
生まれることをお忘れなく。

201

子どもたちに対しては
いつもやさしい親でいよう。
あなたの老人ホームを選ぶのは
子どもたちなのだから。

202

99%の確率で
最善のタイミングはいまこの瞬間だ。

203

すべての銃には
弾が込めてあると思え。

204

自分を愛してくれる人を12人つくろう。
単に好きでいてくれるだけの120万人よりも
その12人には大きな価値がある。

205

素早く人を褒めて
素早く自分の責任を認めよ。

206

倹約の精神をもつことは素晴らしいが
情熱の出し惜しみはよくない。
情熱をふんだんに注ぎ込める対象を
いくつか見つけよう。
ほかのことで倹約するのは
情熱をケチケチしないためなのだ。

207

自分を管理するときは頭を使え。
他人を管理するときは心を使え。

208

ダンスは腰で踊れ。

209

電子メールの受信箱を、他人の指図による
「やるべきことリスト」にすべきでない。

210

ヒモ状のものが絡まったときは
無理やり解《ほど》こうとしてはならない。
絡まっている箇所の隙間を
ゆっくりと少しずつ広げていこう。
そうすれば、そのうちに自然に解《ほど》ける。
この方法は、コード、ヒモ、ホース、
糸やケーブルにも有効だ。

211

どんなことでも構わないから
シンプルなものごとをひとつ選び
それに真剣に向き合おう。
それが世界のすべてであるかのように。
あるいは、世界のすべてが
その中にあるかのように。
そうすれば、あなたは世界を明るくできる。

212

ものをつくるときはつねに
いくらかのゆとりを忘れずに。
余備の材料、余備の部品、
余分のスペース、余分の作業。
それにより、失敗に備え
ストレスを和らげ、在庫を確保できる。
これほど安価な保険はほかにない。

213

ほかの人たちはあなたが思っているほど
あなたの所有物に感心してくれない。

214

あんな人間にはなりたくないと
思うような人のもとでは
けっして働いてはならない。

215

秘密をつくることは得策でない。
悪い知らせは
相手に直接伝えよう。
秘密はほぼ確実に漏れて
噂はすぐに広まる。
しかも、秘密をもっている人は
その秘密によって蝕まれる。
秘密への誘惑を払いのけよう。

216

宇宙は膨張し続けているけれど
それでも宇宙は満杯だ。
そのような世界ではえてして
引き算でしか現状を改善できない。
取り除けるだけ取り除こう。
足りないと感じるくらいがちょうどいい。

217

自分の生産性が最も高い時間帯を知り
その時間帯に邪魔が入らないようにすべし。

218

ものごとを経験すれば、楽しいし
影響力をもてば、充実感を味わえるが
重要なことを成し遂げてこそ、幸せになれる。
だから、重要なことに取り組もう。

219

なにかに卓越することと
目先のものごとに最適化することは
相《あい》容《い》れない。
卓越するには長期の視点が不可欠だ。
視野を広げて高い目標をもとう。

220

せっかく素晴らしいものも
あまり繰り返されると
素晴らしく思えなくなる。
一生に1度でちょうどいい。

221

ほんの少しでも絵の具を使うときは
どんなに気をつけていても
なぜか服にくっつく。
そのつもりで着る服を選ぼう。

222

まずはルールを忠実に守らなければ
ルールを破ることを通じて
好ましい結果を生むことはできない。

223

路上ライブや路上パフォーマンスを
1分以上楽しんだのであれば
せめて1ドルくらいは払おう。

224

確率と統計を学ぶことは
微分積分や代数を学ぶより
はるかに役に立つ。

225

ゲームが勝利至上主義になっていれば
もっと楽しめるようにルールを変えよう。
ルールを変えること自体が
新しいゲームになるかもしれない。

226

実践こそ最高の教師

227

「でも」と言う前に
述べた言葉には意味がない。

228

礼儀正しい振る舞いをするために
お金はいっさいかからない。
借りたものをきれいにして返す。
トイレのあとで便座を下げる。
運転中に自分の前で
ほかの車を車線に合流させる。
エレベーターで中の人を先に降ろす。
すべてただで実践できることだ。

229

2つの陣営の間で
論争が起きているときは
第三の立場を探せ。

230

運動でも友人関係でも仕事でも
重要なのは行動の量よりも継続だ。
毎日少しずつ実行することに
勝るものはない。
継続にはときどき実行するよりも
はるかに大きな意味がある。

231

リーダーの本当の仕事は
リーダーを増やすこと。
フォロワーを増やすことではない。

232

教師の役割は
教え子からすべてを引き出すこと。
教え子の役割は
教師からすべてを引き出すこと。

233

効率性は過大評価されていて
サボりの価値は過小評価されている。
どの分野でも
トップレベルの成果を上げるには
定期的に休憩や休息、
目的のない散歩の類いが欠かせない。
最良の勤労倫理とは
休憩の大切さを知ることなのだ。

234

話すときは
正しいつもりで
自信満々に。
聞くときは
間違っているつもりで
慎重に。

235

生産性ばかり追求すると
往々にして重要なことを見誤る。
少しでも早く仕事を終えるのではなく
やり終えたくないと思える仕事を
見つけることを目指そう。

236

旅の楽しさは荷物の量と反比例する。
バックパッキングをする場合はとくにそうだ。
自分にとって本当に不可欠なものが
いかに少ないかを知れば
大きな解放感が込み上げてくる。

237

資金拠出者に資金を求めれば
アドバイスが返ってくる。
しかし、アドバイスを求めれば
資金を提供してもらえる。

238

私たちが自分自身に語る最大の嘘は
「書き残しておかなくても
忘れないから大丈夫」というものだ。

239

批判は1対1で、称賛はみんなの前で。

240

同じ間違いを繰り返すな。
新しい間違いを犯せ。

241

あなたが成熟した大人と
言えるかどうかの評価基準は
不愉快な会話を
どれくらい受け入れられるかだ。

242

両腕を肩の高さで真横に伸ばしたときの
指先と指先の間の距離は
おおよそあなたの身長に等しい。

243

夜中に物を買うのはよそう。
朝まで待てないもので
本当に必要なものはない。

244

よい知らせと悪い知らせがあるときは
悪い知らせを先に伝えること。
人の記憶に残るのは
ものごとの始まりよりも終わりだ。
最後はよい知らせで締めくくろう。

245

業者や従業員や外注先には
できるだけ早く支払おう。
そうすれば、次も優先的に
あなたの仕事を受けてくれる。

246

交渉の席であなたが言える
最も強力なひとことは
「もっとよい案はないですか」だ。

247

あなたに必要なものは次の3つだ。
成功するまで諦めない能力。
成功しないものを諦める能力。
そして、成功するものと
成功しないものの違いについて
まわりの人たちの
助言を信じる能力である。

248

家族の健康のためには
テレビやパソコンのない場所で
家族みんなで規則正しく
食事をとることに勝る良薬はない。

249

時間にぴったりということはありえない。
どうしても、少し遅れるか
少し早いかのどちらかになる。
どちらを選ぶかはあなた次第だ。

250

アートは制作者だけでなく
みんなのためにある。
だから、制作者が手加減するのは
みんなを騙《だま》すに等しい。

251

生死にかかわる状況では
食べ物なしでも3週間くらい
水なしでも3日間くらい生きられるが
雨と寒さをしのげなければ
3時間で限界が来る。
食料より雨と気温の心配をしよう。

252

過ちを犯したときは
被害者以上に厳しい態度で
素早く自分を叱責しよう。
怒りが和らぐかもしれない。

253

ひとりでも寂しく感じないようになろう。
ひとりの時間は創造に不可欠だ。

254

なにかをやめたいと思ったときは
あと「5つだけ」続けてみよう。
あと5分、あと5ページ、あと5段階。
それが終わったらまた5つ。
そのまま続けばいいし
もしダメでも5つは前進できる。
やめるのは明日に延ばそう。
今日やめるのはまだ早すぎる。

255

あなたが尊敬している人に尋ねれば
きっとこう答える。
思わぬ幸運に出くわしたのは
目標への道から外れていたときだった、と。
あなたも寄り道を受け入れよう。
人生はけっして直線道路ではない。

256

真の試金石は
調子のいい日の行動よりも
調子の悪い日の行動だ。

257

妊娠しているかと尋ねるのは禁物だ。
本人が打ち明けるのを待とう。

258

金持ちになるために
いま以上に儲ける必要はない。
そのために最も必要なのは
手に入ったお金を
もっと上手に管理することだ。

259

スピーチをするときは
ときおり沈黙を挟むといい。
新しい視点で話す前に
一呼吸入れる。
重要なことを言ったあとにも
一呼吸入れる。
そして聞き手が咀《そ》嚼《しゃく》できるように
また一呼吸入れる。

260

インターネットで正確な情報を得るには
明らかに間違っていることを
投稿すればいい。
そうすれば誰かが訂正してくれる。

261

よくない行動を罰するよりも
よい行動を褒めるほうが
10倍好ましい結果につながる。
子どもと動物はとくにそうだ。

262

電子メールを書くときは
本文よりも件名に時間を割こう。
人は往々にして
メールの件名しか読まない。

263

求職者の前職の上司に質問しても
規則により
否定的なことを言えない場合がある。
そこで、相手にメッセージを送り
「この求職者に太鼓判を押せる場合は
ご連絡ください」と伝えよう。
連絡がなければ、そういうことだ。

264

嵐が去るのを待たずに
雨の中で踊れ。

265

人々がもっていてよかったと
思えるものをつくるべし。

266

ホテルでは、引き出しは使わずに
荷物を1カ所にまとめて
目に入る場所に置いておこう。
そうすれば忘れ物をしない。
充電器などを別の場所に置く場合は
近くに大きなものを2つ置くこと。
3つのものをすべて
忘れて帰ることは考えにくい。

267

褒め言葉を否定するのは相手に失礼だ。
自分にはふさわしくないと思っても
感謝して受け入れよう。

268

記念碑のそばの
説明文はかならず読もう。

269

成功を収めたとき
自分はその成功に値しないと
後ろめたさを感じることがある。
でも、あなたしかもっていない
才能と経験がなければできないことを
成し遂げたのであれば
後ろめたく感じる必要はない。
それは天の定めだったのだ。
ほかの誰にもできないことに取り組むのは
あなたの運命だったのである。

270

長距離ドライブの最中に
小さな子どもを行儀よくさせたければ
その子の好きなキャンディを用意し
行儀悪くするたびに
1個ずつ捨ててしまえばいい。

271

仕事を依頼した相手に
いくら支払うべきか、判断に迷ったら
いくらが公正だと思うかと
その相手に尋ねればいい。
相手の答えがたいてい正しい。

272

不動産を買うときの定石は
いちばんよい通りの
いちばん悪い物件を買うことだ。

273

聡明な人にいくらお金を積んでも
猛烈に働かせることはできない。

274

教養と呼ばれているものの半分は
無視できるものを見分けるスキルだ。

275

ほかの人たちに隠れてこっそり
取っている行動はおそらく
あなたにとって好ましいものではない。

276

ものを正確に切りたいときは
1度で済ませようとしてはならない。
まず少し大きめに切り
そのあと少しずつ小さくしていき
最終的にぴったりにする。
ものづくりのプロはこうやって
正解に少しずつ近づけていくのだ。

277

相手の自尊心を大切にしよう。
そうすれば、お互いによい1日を送れる。

278

相手と意見が一致する領域を探して
その領域で活動しよう。
相手と意見がぶつかることは
実際にはそう多くない。

279

どんなジャンルのものも90％はゴミだ。
オペラ、恋愛小説、TikTok、
カントリー音楽、ビーガン食、NFT*……
つまらないと思うジャンルがあるときは
まだ見ていない10％を探そう。

*非代替性トークン

280

あなたに恩恵をもたらさない人への態度で
あなたの人間としての真価が決まる。

281

私たちは1日でできることを
過大評価するくせに
10年間でできることを
過小評価しがちだ。
10年の年月は
ときに目覚ましい成果を生む。
長く努力を続ければ
小さな成果が増幅して
大きな失敗も取り返せる。

282

相手の名前を覚えていることを
その人物にはっきり示せば
相手もあなたの名前を忘れなくなる。
名前を忘れないためには
最初に復唱するのが有効だ。

283

身の丈以上の仕事こそ
あなたにとって最良の仕事。
成長につながるのはそうした仕事だ。
求職活動をする際は
身の丈以上の仕事だけを選ぼう。

284

どんな人間になるかは
自分で選べる。
だから、
会議を早く終える人になろう。

285

古本を買おう。
新品と中身はまったく同じだ。
図書館も利用するといい。

286

3つの門を通過した言葉だけを発しよう。
最初の門では「その言葉は本当か」
2つ目の門では「その言葉は必要か」
3つ目の門では「その言葉は親切か」と
自分に問いかけること。

287

「私はいまなにをすべきか」という問いに
意味のある回答を導き出すには
まず、「私はどんな人間になるべきか」
という問いについて考えなくてはならない。

288

旅客機やホテルの部屋に入ったり
新しい職場に初出勤したりするときは
まず非常口を確認しよう。
時間は1分もかからない。

289

投資で平均的なリターンを
平均以上の期間にわたって継続できれば
目を見張る成果を上げられる。
これが最良の投資アドバイスだ。
長期投資を心がけよう。

290

階段を使うべし

291

買ったものに支払うコストは
売り値の2倍以上になる場合もある。
使用するための準備や学習、
そして整備や修理、廃棄のために
必要となる時間とエネルギーと費用も
コストとみなすべきだ。
売り主に支払う金額がすべてではない。

292

子どもが勉強で苦戦している場合は
まず視力を確認しよう。

293

無礼な他人に
とびきり丁寧に接すると
ぞくぞくする快感を味わえる。

294

ほとんどの記事やストーリーは
草稿の最初の1ページを捨てると
目を見張るほどよくなる。
いきなり本題に入るのがいい。

295

ときどき騙されることは
善意を信じることの
ささやかな代償と考えるべきだ。
善意を信じれば
概してその人は親切にしてくれる。

296

さほど聡明でなくても
コミュニケーションに長《た》けた人のほうが
とても聡明だけれど
コミュニケーションが苦手な人よりも
大きな成果を上げる場合がある。
これは悪い話ではない。
コミュニケーションの能力は
知性より格段に磨きやすいからだ。

297

いいナイフやいいペンを
どこに置いたか探したときは要注意。
それは、あなたが悪いナイフやペンも
もっているという証拠だ。
そうしたものは捨ててしまおう。

298

子育てで最良の結果を生むには
子どもに使うお金を
あなたが必要だと思う半分にして
子どもと過ごす時間を2倍にすること。

299

自分よりも個性の強い帽子を
身につけるのはやめよう。

300

最終的な目標地点よりも
進むべき方向に注意を払おう。
正しい方向に進み続ければ
望む場所にはいつか到達できる。

301

ひとまず完成すれば、アートと呼んでいい。

302

1年に1度は地元の町や地域の
最新の旅行ガイドを買おう。
旅行者の視点をもてば
とても多くのことを学べる。

303

ヒーローになりたければ
影響を受けた先生に感謝しよう。

304

ホースや延長コード、梯子《はしご》を買うときは
あなたが必要だと思うよりも
大幅に長いものを買うこと。
長さはそれでぴったりだ。

305

袋小路に入り込んだときは
誰かにいまの状況を説明してみよう。
そうやって整理するだけで
解決策が見えてくることがある。
状況を説明することを
問題解決の一工程にしよう。

306

話題の食べ物に行列するのはよそう。
たいてい、その価値はない。

307

初対面の挨拶《あいさつ》では、目を合わせたまま
黙って1から4まで数えるか
頭の中で「○○さんね」と言おう。
これで、お互いのことを忘れなくなる。

308

リーダーがチームに実力以上の
成果を上げさせるには
メンバーのことを評価していると
はっきり示すだけでいい。

309

データのバックアップはしっかりと。
物理的な記憶媒体に最低ひとつ
クラウドにも最低ひとつ。
理想はそれぞれ2つ以上だ。
写真や文書を修復するために
あなたはいくら払うだろうか。
それに比べれば、バックアップなど安いものだ。

310

大ヒットを目指すためのコツは
風変わりな行動を取ること。
日々、変わり者であり続けよう。

311

時間と空間は有限だ。
喜びを生まないものは手放そう。
喜びを生むものに
時間と空間を費やすために。

312

緊急事態には「3」の法則を忘れずに。
叫び声も3回、クラクションも3回、
ホイッスルも3回必要だ。

313

自分の内面と他人の外面を
比べてはならない。

314

手堅くいくか、新しい挑戦をするか。
売れるとわかっている商品を改善するか
新商品の可能性を模索するか。
確実においしい料理を注文するか
未知の料理を注文するか。
決まったひとりの相手とデートし続けるか
デートの相手を次々と変えるか。
この点についてはすでに答えが出ている。
カギは「3分の1」という割合だ。
新しいものに3分の1の時間を
既存のものに3分の2の時間を費やそう。
大人になると、新しいものの探索に
時間を割くことが難しくなる。
非効率に思えるからだ。
それでも、3分の1は時間を割こう。

315

最初のアイデアが最良の場合もあるが
多くの場合は5番目が最良だ。
当たり前のアイデアは
ことごとく捨てる必要がある。
自分でも驚くようなアイデアを探そう。

316

古いものと戦うことに労力を割くな。
新しいものを生み出せ。

317

本当に素晴らしいチャンスは
そのようには銘打たれていない。

318

人類史上最も輝かしかった1年、
つまり、人類にとって
すべてがバラ色だった年はいつかと尋ねられると
人は、自分が10歳だった年を挙げる。
すべての人にとって
人生で最良の年は10歳のときだからだ。
誰かの意見を聞かされたときは
この点を頭に入れておこう。

319

はじめて会ったばかりの人の
人柄を素早く見抜くには
ネット接続が絶望的に遅いときの
反応を観察すればいい。

320

本格的なハイキングに行くときは
靴の種類に関係なく
新品よりも履き慣れたものを履こう。
ハイキングで新しい靴をおろさないこと。

321

交渉に臨むときは
自分のパイの取り分を増やすよりも
パイを大きくすることを目指せ。

322

あなたの人としての器の大きさは
なにに腹を立てるかで決まる。

323

あなたに見えているのは他人の2%だけ。
他人に見えているのはあなたの2%だけ。
残りの98%を意識しよう。

324

未来の世代は
私たちが驚くようなことを成し遂げる。
しかし、そのような成果の一部は
想像力をもってさえいれば
現在の材料と道具でも実現できる。
枠にはまらない思考をしよう。

325

他人の目には仕事に見えても
自分には遊びに思えることをしよう。

326

完了させたい仕事があるときは
忙しい人に頼むといい。

327

ものを修理する作業には
予想の3倍の時間がかかる。
3倍の時間がかかると予想していても
そのさらに3倍の時間がかかる。

328

他人を模倣することは
ものごとの始め方としては悪くない。
しかし、自分を模倣することは
ものごとの終え方としてお粗末だ。

329

自分に問いかけよう。
今日やったことを365回繰り返せば
1年後に、なりたい自分になれるだろうか。

330

新しい職の給料を交渉するために
最良のタイミングは
採用すると言われた直後だ。
その直前ではない。
採用決定のあとは、双方とも
相手に金額を提示させようとするが
相手に先に言わせることが
あなたにとって有利になる。

331

なにに注意を払うかに
注意を払おう。

332

最大の成果を上げたければ
最大の問題ではなく
最大の機会に目を向けよ。

333

画期的な発明はことごとく
最初はばかげたものに見える。
というより、
最初にばかげて見えなければ
画期的な発明とは言えない。

334

あなたという人間や
その仕事ぶりを評価しない人が
何人いようと関係ない。
評価してくれる人の
数だけが重要だ。

335

日々の本の読み聞かせは
子どもにとって最高の教育。

336

25歳までタバコを吸わなければ
その後も吸わない可能性が高い。
25歳より前に吸い始めれば
その後もやめられない可能性が高い。

337

自動車の追突事故のあとは
車内にとどまるほうが
はるかに安全だ。
近くの路上に立っていると
別の事故に遭うリスクが増す。

338

職を探すときはよく覚えておこう。
あなたのような人材を強く求めている
職場はどこかにある。
あなたが型破りな人物ならとくにそうだ。
そうした職場を徹底的に探そう。
その時間を惜しんではならない。

339

空腹でスーパーマーケットに行くのは禁物

340

想定外を避けようと
努めるのではなく
想定外を追いかけよう。

341

あるテーマに関する自分の意見が
別のテーマに関する意見から
推測できる場合、あなたはもしかすると
イデオロギーに支配されている。
本当に自分の頭でものを考えていれば
そのようなことは起きないからだ。

342

励ましの言葉だけで
誰かの人生を好転させられることもある。

343

与えられた課題が
2分以内に終えられるのであれば
いますぐ片づけるのが賢明だ。

344

なにかを強く信じていればいるほど
それが本当に正しいかを
ときおり問い直す必要がある。
正しいと思っていることを
無批判に信じ続けてはならない。

345

顧客から不満を伝えられたときは
自分に責任がなくても
まず謝罪して、こう尋ねよう。
「どうすれば解決できますか」と。
事業を成長させる代償としては
顧客の顔を立てるくらい安いものだ。

346

誰かに20ドル貸したあと
相手が返そうとせず
二度と会わなくなれば
20ドル失った価値はある。

347

嫌いな人から学ぶ能力は
習得する価値のある「超能力」だ。
その能力は「謙虚さ」と呼ばれることもある。
愚かだったり、意地悪だったり
正気を逸していたりする人物から
学ぶ勇気をもとう。
どんなに性格に難がある人でも
あなたが知らないなにかを知っている。

348

クレジットカードでレンタカーを借りるときは
わざわざ保険に加入する必要が
本当にあるのかよく考えよう。

349

どんなによいものでも過剰は禁物。
適量をわきまえよう。

350

ハイキングの鉄則。
踏まずに跨《また》げ
跨《また》がずに横を通れ。

351

賢明な意思決定のコツは
25年後の自分になったつもりで
いまの決断を評価すること。
未来の自分がどう思うかを考えよう。

352

おもしろい人だと思われたいなら
自分が実際に経験したことを
「超」がつくくらい正直に語ればいい。

353

大勢の人の前で話すときは
まず数人に視線を注ぎ
そのあと視線を散らしていけばいい。
どれくらい確信をもって話しているかは
あなたの視線で聞き手に伝わる。

354

新しいものを毎日つくり続けよう。
飛び抜けたものを生むには
よいものをたくさんボツにする必要がある。
ところが、よいものがもっと手に入ると
思えなければ
ボツにするのは簡単でない。
だから、つくり続けるべきなのだ。

355

逆境は多くの学びをもたらすが
あなたの人間性が本当に問われるのは
逆境に置かれたときではない。
権力をもったときだ。
権力の害を避けるために必要なのは
自分の権力が幸運の産物だと
謙虚に認める姿勢である。
器の小さい人間は、自分を優秀だと思い
優秀な人間は、自分が幸運だったと考える。

356

私たちがよい結果を得られるのは
嫌いなものを叩くのではなく
好きなものを応援しているときだ。
人生は短い。
好きなものにだけ時間を割こう。

357

ふたりでものを分けっこするときは
片方が分け、もう片方が選ぶといい。

358

人は成功を収めると、いとも簡単に
成功の罠にはまる。
だから、失敗しそうにない課題ではなく
失敗するかもしれない課題に挑もう。

359

ほかの人がもっているものを欲すると
人は不幸せになる。
自分がもっているものを欲すると
人は幸せになる。

360

電圧《ボルト》にも要注意だが
本当に怖いのは電流《アンペア》だ。

361

伝えたいことがあるときは
世界の文章家がよく用いる方法が有効だ。
自分の主張を徹底的に単純化し
最後の最後に誇張して表現するのだ。

362

調子がいいと感じるとき
あなたのそばにいるのは誰だろう。
そうした人たちと
一緒に過ごす時間を増やそう。

363

人は他人の名前を忘れるものだと
思っておこう。
初対面ではない人に対しても
改めて名前を名乗って挨拶するのは
ひとつの礼儀作法だ。

364

あなたが仕事をサボってやっていることは
やがて本物の仕事になる可能性がある。

365

わが子のためにできる
最もよい行動は
配偶者を愛することである。

366

成功をつかむための決め手は
ほかの人の立場に立って
ものを考える能力をもつことだ。
そうすれば、真の思いやりをもてるし
人を説得しやすくなり
優れたデザインも生み出せる。
ほかの人の視点でものを考えることは
あなたに数々の扉を開いてくれる。

367

言うまでもないと
感じていることがあるときは
それを言うことが
たいてい全員のためになる。

368

瞑想《めいそう》するときは
腰掛けて
自分の呼吸に意識を集中させよう。
意識が思考に向かい始めたら
再び呼吸に意識を戻して
思考する余地をなくす。
脱線するたびに引き返そう。
つねに自分の呼吸に集中すること。
思考はいっさいなし。
これだけでいい。

369

5年後のあなたはきっと
今日始めていればよかったのに
と思うだろう。

370

みんなが各自の問題を1カ所に持ち寄れば
私たちはほかの人たちの問題を見て
自分の問題がとるに足らないものだと気づき
すぐさま引っ込めたくなるだろう。

371

頭だけでなく
心にも教育が必要だ。

372

過去は変えられないが
過去について語る物語は変えられる。
重要なのは、なにが起きたかではなく
起きたことに対して
あなたがどのように行動したかだ。

373

充実した旅をしたければ
場所ではなく関心を
目的地ではなく情熱を追求せよ。

374

子どもの罰は自分で選ばせよう。
子どもはたいてい
親よりも厳しい罰を選ぶ。

375

庭仕事では、10ドルの植物のために
100ドルの穴を掘るべきだ。

376

人生の節目ごとに
最悪のパターンを想定しよう。
最悪の事態への対処を
予行演習しておけば
本番では冒険気分で
身がすくむことなく行動できる。

377

最初につくったものは捨ててしまおう。
素晴らしい本を書く唯一の方法は
最初にひどい本を書くこと。
これは、映画や音楽や家具など
すべてのものに当てはまる。

378

大きな目標を目指すとき
成果は出発点からの距離で測れ。
目的地までの距離で測るな。

379

服の汚れを落とそうとするときは
その作業をする間、
服を湿らせておくといい。
乾くと汚れが落ちにくくなる。

380

怒りに怒りで応じるのは得策でない。
怒りをあらわにしている人は
なんらかの痛みを感じているのだ。
共感を示すことこそが
怒っている人への賢い応じ方だ。

381

本当に楽しいことは ゆっくりやろう。

382

吠《ほ》える犬より怖いのは
吠えずに突進してくる犬だ。
その種の犬は本当に咬《か》む。

383

あなたが平均レベルだとすれば
世界の半分の人は
あなたほどテキパキと行動できない。
書類への記入や複雑な指示の遵守《じゅんしゅ》、
手ごわい状況への対処を
上手にできない人は大勢いる。
そういう人にも
せめてあなたは親切に接しよう。

384

あなたの短所と長所は
ひとつの同じ性質の両極だ。
頑固さと忍耐強さ
無謀と勇気の間には
ごく小さな違いしかない。
唯一の違いは
どこを目指して行動するかだ。
目的が無価値であれば
それは頑固や無謀でしかないが
目的に価値があれば
忍耐や勇気だと評価できる。
あなたが欠点をもっていても
人に尊敬されたいなら
自分の欠点を受け入れて
重要な目標を目指せばいい。

385

ものごとの終わりはほぼ例外なく
よりよいものへの出発点だ。

386

人になにかを与える結果として
貧しくなることはありえないが
人に与えなければ
豊かになることはできない。

387

早い段階で建設的な批判を
引き出すよう努力しよう。
うまく機能しない点は
できるだけ早く把握すべきだ。
完成してしまえば
もう改善の機会がなくなる。

388

スピーチがうまくなりたければ
自分のスピーチを録画しよう。
自分の姿を見るのはつらいかもしれないが
それが上達へのいちばんの近道だ。

389

単なる無能とみなせる行動を
悪意の産物と決めつけてはならない。

390

不安をいだくのは非効率だ。
あなたが気をもんでいることの
99%は実現しない。

391

URLにtruth(真実)という言葉を含む
ウェブサイトはすべて無視していい。

392

約束するときは慎重にも慎重に。
約束した以上は
実行しなくてはならなくなる。

393

将来の見通しが明確だからといって
ゴールが近いとは限らない。

394

適切な謝罪には
3つの「R」をお忘れなく。
真の思いやりを表現する「後悔」(regret)と
誰かのせいにしない「責任」(responsibility)と
改善への意思を示す「是正」(remedy)である。

395

若い人にアドバイスするときは
その人が本当にやりたいことを察して
それを実行するよう助言しよう。

396

小さな変革を繰り返すよりも
大きな変革を一挙に進めるほうが
はるかに簡単な場合が多い。

397

知る人ぞ知る秘密だが
人はみな泥縄式で行動している。
有名人はとくにそうだ。

398

どんなに進歩しても、
完璧はありえない。
だから「完璧」より「完了」を目指そう。

399

あらゆる苦境はいずれ終わると考えれば
あなたは幸運でいることができる。

400

ほかの誰もやっていないことに取り組んでいるのであれば履歴書が必要になることはない。

401

過熱した議論を落ち着かせるには
相手の身振りをまねるといい。

402

大きな成果を得たければ
関心がなかった題材に
強い好奇心をもってみよう。

403

盗み癖の持ち主を見分けるのは簡単だ。
それは、誰もが盗みを働いていると
思っている人物である。

404

自分の姿を見るのは気が散るものだ。
長時間のビデオ会議の疲労を減らすには
画面に自分が映らなくするといい。

405

好きな作家が読んだことのある
本を読んでみよう。

406

ものごとを決めかねているときは
現在よりも将来の恩恵が
大きい選択肢を選ぼう。
安易な選択肢はすぐに恩恵があり
最良の選択肢は将来に恩恵がある。

407

アイデアは頭の中にとどまっている限り
完全無欠に見える。
しかし、完璧なものは現実から遠い。
アイデアは、ただちに言葉やスケッチに
さらには試作品の形にしよう。
それらが不完全なものだからこそ
あなたのアイデアは現実に1歩近づく。

408

3つ星のカスタマーレビューは信用していい。
よい面と悪い面の両方を伝えているからだ。
たいていのものはその両方の側面をもっている。

409

最初に自分の要望を主張すること。
これは恋愛でも仕事でも人生全般でも有効だ。

410

ひとことも言葉を発しなくても
注意深く他人の言葉に耳を傾ければ
まわりの人たちはあなたを
会話の達人だと評価するだろう。

411

好奇心は思い込みを突き崩す。
強い好奇心をもつほど
人は思い込みをいだけなくなるのだ。

412

自分がなにを買えるかではなく
お金で買えないものを
どれだけもっているかを
豊かさの判断基準にすべきだ。

413

失敗から学ぶためには
まず失敗を笑い飛ばそう。

414

育てた人材が辞めれば残念だが
人を育てず、その人が長く居座るのは
それよりもっと悪い結果だ。

415

論争におけるあなたの主張は
自分の意見に力強く反論できれば
より大きな力をもつ。

416

人を長く待たせ続けると
その人はあなたの欠点を考え始める。

417

信頼を獲得するには時間がかかるが
信頼を失うのは一瞬だ。
つねに誠実に振る舞おう。

418

誠実な友人は
あなたからなにも求めない。

419

私たちは人生の3分の1の時間を
ベッドで過ごす。
そして、別の3分の1の時間は
椅子に座って過ごす。
よいベッドとよい椅子には
投資するだけの価値がある。

420

他人の話を聞く目的は
返事をすることではない。
相手が語らなかったことに
耳を澄ますことだ。

421

見るつもりの映画の予告編を見ると
ネタバレで興《きょう》醒《ざ》めになるだけだ。
予告編を見るのは
見るかどうか迷っている映画や
見そうにない映画だけにしよう。

422

直近に犯した失敗に勝る教師はいない。

423

ガソリン自動車の燃料メーターには
給油ポンプのマークが描かれている。
その横にある矢印は
その車の給油口がある方向だ。
自動車を借りたときは思い出そう。

424

家にアートを飾るなら
子どもが大人になっても忘れそうにない
奇抜な作品がいちばんいい。

425

最低でも1日の1%、つまり15分は
ものごとのやり方を
改善するために費やそう。
進歩を遂げ、成果を高めるには
これが最も強力な方法だ。

426

今日なにを勉強したかと
子どもに尋ねるより
今日誰を助けたかと尋ねよう。

427

幸福の最大の敵は比較することだ。
どうしても比較するなら
今日の自分と
昨日の自分を比べよう。

428

20代の日々は
突飛なことやリスクのあること
型破りなことや儲かりそうにないこと
成功と似ても似つかないことを
実践するのに打ってつけの時期だ。
その経験は残りの人生を通じて
あなたのひらめきの源になるだろう。

429

どのような意見をいだくかで
自分という人間を定義してはならない。
意見を変えられなくなるからだ。
それよりも価値観で自分を定義しよう。

430

1度成功するだけでよいのなら
結果を意識すればいい。
しかし、成功し続けたければ
結果が生まれるまでの
プロセスを意識するべきだ。

431

理想的なパートナーは
意見が衝突しない人ではなく
喜んで意見をぶつけ合いたい人だ。

432

広い心《オープン・ハート》をもつことは
素直な思考《オープン・マインド》への最高の近道。

433

人生で行き詰まったときは
聞いたこともない場所へ旅しよう。

434

相手の意見に興味をもつことは
その人の意見を変えるための
最も強力な方法である。

435

リーダーがメンバーを大切にしなければ
メンバーはリーダーの目標を大切にしない。

436

会議をスピードアップするには
出席者が発言する際に
ほかの誰も知らないことを
述べるよう義務づければいい。

437

裕福な人間はお金をもっている。
豊かな人間は時間をもっている。
豊かになるのは
裕福になるより簡単だ。

438

速く行きたければひとりで行け。
遠くへ行きたければみんなで行け。

439

いちばんよいポートレートは
あなたが微《ほほ》笑《え》んでいるときではなく
声を上げて笑った直後に
静かになった瞬間を撮ったものだ。
笑わせてくれる写真家に依頼しよう。

440

成長しても
責任感が増していないなら
本当に成長したとは言えない。

441

計画を立てるときは
迷子になることをよしとしよう。
その経験を通じて
思いがけないものを
見いだせる可能性がある。

442

あらゆる所有物は修理と管理を
必要とすると心得ておこう。
所有物はやがて持ち主を
振り回すようになる。
所有するものは慎重に選ぼう。

443

説明が難しいことを文章に書く際は
友達宛てに手紙を書いて
なぜ難しいかを詳しく述べたあと
「拝啓」の類いを削ればいい。
これで上々の草稿が出来上がる。

444

週に1日は、仕事やビジネスや
金儲けをしない日をつくろう。
呼び方は「安息日」でもなんでもいい。
その日は、休憩やリフレッシュに努めたり
人生で最も大切なことを
掘り下げたりするために活用しよう。
意外かもしれないが、その時間は
1週間でいちばん生産的な時間になる。

445

被害妄想《パラノイア》ではなく
その反対の支援妄想《プロノイア》をいだこう。
全宇宙が自分を応援し
自分が成功できるように
密《ひそ》かに示し合わせていると
信じてみよう。

446

もっと選択肢が増えるような
選択肢を選ぶべし。

447

あなたが最初にすべきことはたいてい
目の前の課題を片づけることだ。
満杯の棚にそれ以上は押し込めない。

448

状況を打開できないときは
とうてい成功しそうにない方策を
すべてリストアップしよう。
そのなかに有効な解決策の種がある。

449

あなたが何歳だとしても
現在こそが
黄金の日々だと考えよう。
よい出来事は黄金の記憶となり
悪い出来事は黄金の教訓を生む。

450

怒りを癒やす最も有効な手立ては時間である。

451

平凡なものを新しい視点で見ることこそ
アートや文学やコメディの本質だ。
ありふれたものの細部に
着目するだけで
目を見張るようなものを生み出せる。

452

無一文で死ぬことを目指すべし。
死ぬ前に財産を分け与えよう。
そのほうが受け取る側に喜ばれる。
財産はすべて使ってしまうこと。
最後に葬儀業者に支払って
それでおしまいくらいでちょうどいい。

453

列でもたもたしている老人は
未来のあなたの姿だ。
辛抱強い態度で接しよう。

454

無理のない範囲でなるべくたくさん
家族の「儀式」をつくろう。
決まった日程どおりに実行すれば
大がかりなことも些細《ささい》なことも
ばかげたことも「儀式」になりうる。
徹底すればそれは伝説になる。
誰もが予期できること
それが「儀式」の重要な条件だ。

455

老いを防ぐ最良の方法は
つねに驚き続けること。

456

やったことを
後悔するケースは少ない。
後悔の大多数は
やらなかったことに関わるものだ。

457

人生の教訓は必要な順番で示される。
そうした教訓を身につけるために
求められるものはすべて
すでにあなたの内面にある。
そしてあなたがひとつの教訓を学ぶと
次に学ぶべき教訓が示される。
人は生きている限り
ずっと学ぶべきことがあるものだ。

458

アートをつくるのは洗濯の前に

459

あなたが目指すべき目標は
死ぬ前の日に
自分らしく生きられたと言えることだ。

460

この本に書かれているような
アドバイスの類いは
法律とは違う。
それは帽子のようなものだ。
自分に合わなければ別のものを試せばいい。

日本語版への
特別の言葉

461

最も強力な批判は
代案を示すことである。

462

せめて1日に1回でもいいから
「知りません」と、自分の無知を認められれば
あなたはよりよい人間になれる。

463

自分への投資に躊《ちゅう》躇《ちょ》は無用だ。
講座や研修のためにお金を使おう。
そのささやかな支出が
やがて測り知れない恩恵を生む。

464

予測可能な行動を取らずに
強烈なインパクトを与えることを
人生の目標にすべきだ。
AIに模倣されにくいことをしよう。
アルゴリズムを超越できれば
あなたはかけがえのない存在になれる。

465

両親が健在であるうちに
インタビューして、その声を録音しよう。
次々と問いを投げかければ
驚くべき発見があるに違いない。
誰かに依頼して
両親の話をドキュメンタリーや
書籍の形にまとめてみてもいい。
両親と家族全員にとって
それは素晴らしい贈り物になる。

466

すべての人に2度目のチャンスを認めるべきだ。
ただし、3度目を認める必要はない。

467

マルチタスクなんて不可能だ。
歩いているときや運転しているとき
自転車に乗っているときに
メールを打つのはやめたほうがいい。
あなたが1分間立ち止まっても
誰も文句は言わない。

468

月に1度は
帰宅ルートを変えてみよう。
家に入る際に使うドアや
食卓で座る椅子を変えるのもいい。
マンネリを打破すべし。

469

過去のことを「もし……」と考えるのは
時間のムダだが
未来のことを「もし……」と考えるのは
非常に生産的なことだ。

470

人々を創作に駆り立てるような
アートをつくるべし。

471

どの国、どの町に住むかは
ほかのどの要素よりも
あなたの幸福感に
大きな影響を及ぼす。
そして、ほかの要素と違って
どこに住むかは
自分で選び
自分で変えることができる。

472

大きなことを成し遂げるために
必要な忍耐力は
小さなことを我慢する
経験を通じてはぐくまれる。

473

幸せでありたければ、他人の役に立とう。

474

誰かとハグしたときは
自分から先に体を離さないこと。

475

よい食器とよいワインを
大切な日のために
しまい込むのはやめよう。
そんな日は一生来ないかもしれない。
使えるときにどんどん使おう。

476

ガーデニングのアドバイスをひとつ。
自分が上手に育てられる植物を
もっともっと栽培せよ。

477

なにが嫌いかではなく
なにが好きかで
自分という人間を定義しよう。

478

ほとんどの場合、議論になる理由は
その議論のテーマにはない。
だから、議論で勝とうとしても
真の意味でその議論に勝つことはできない。

479

成功を収めるための
最も確実な方法は
成功の定義を自分で決めること。
先に矢を放って
矢が刺さった場所のまわりに
あとで的を描けばいい。

480

歴史書をたくさん読もう。
過去がいかに奇妙だったかを
知ることができれば
奇妙な未来が訪れても
耐えられるだろう。

481

人生で少なくともひとつは
効率化を追求しない活動をしよう。
その活動を楽しむために
たっぷり時間をつぎ込むのだ。
それは不得意なことでもかまわない。
そのような遊びの時間こそが
あなたの若さを保つ。
遠慮せずに実行しよう。

482

重要なことについて
意見を変えるのは
不誠実なことではない。
それは知性の表れだ。

483

新しいアイデアを思いついたときは
5分以内に実行に移すこと。
そのタイミングを逃せば
アイデアが頭から消えてしまう。

484

重要なことはたいてい緊急ではない。
そして、緊急なことはたいてい重要ではない。
重要なことを成し遂げたければ
緊急なことは無視しよう。

485

世の中には、たくさん買いすぎたとしても
けっして後悔しないものがある。
建築で使うコンクリートもそうだし
電子機器の乾電池も
そしてパーティーで客に振る舞う
アイスクリームもそうだ。

486

壁にぶつかったときは
プロジェクトを前に進めるために
いま自分ができる
最も小さなことに集中しよう。

487

美術館で
芸術作品を真に鑑賞するには
最低でも10分は必要だ。
30秒ずつ100作品見るよりも
10分ずつ費やして
5つの作品を見たほうがいい。

488

満足感を味わい続けたければ
好調な状態をさらに改善するよりも
不調な状態を改善しよう。

489

賢明な意思決定の
カギを握るのは
「そうすると、どうなる？」
という短い問いだ。

490

可能であれば
すべての部屋に2方向から
光が差し込むような家を選ぼう。
1方向からしか光が入らない部屋は
あまり使われなくなる。
選択の余地がある場合は
2方向からの採光を選ぶべきだ。

491

決定すべき事項と議題を
知らされない限り
会議への出席を承諾すべきでない。
決定すべきことがない会議は
出席しなくてもいい。

492

すべての人を
好きになる必要はない。
誰かを激しく嫌うのも
あなたの自由だ。
けれども、嫌いな相手も含めて
すべての人に対して
最低限の敬意は払うべきだ。

493

先延ばしの衝動を感じたときに
抵抗するのはよそう。
その衝動にどっぷり浸り
とことん先延ばしすべきだ。
5分間はいっさい
なにも実行してはならない。
それを義務だと思って徹底しよう。
でも、あなたはきっと失敗する。
5分も経てば
仕事をしたくてたまらなくなる。

494

あなたは自分ひとりの力だけでは
本当の自分になれない。
唯一無二の人間になるには
ほかの人たちの存在が不可欠だ。
逆説的な言い方になるが
ほかの多くの人がいなければ
あなたはあなたらしくはなれない。

495

緊急事態に遭遇して
周囲の人たちの力を借りたいときは
やってほしいことを指示しよう。
明確に指示すると
戸惑っていた傍観者が
責任感あるアシスタントに変身する。

496

成功を収めようとすると
お金には換算できない代償を
どうしても払う羽目になる。
成功し続けたい人は
その代償を覚悟するべきだ。

497

早く転べ。頻繁に転べ。
そして、前に向かって転べ。
失敗の仕方が
うまくなり続けてさえいれば
失敗は不名誉ではない。

498

投資する気になれない会社に
勤めてはならない。
勤務先にはかけがえのないものを
投資することになるのだから。
そう、あなたの時間を。

499

善行は自分自身へのご褒美だ。
よいことをすれば、動機を詮索されるし
すぐ忘れられてしまうだろうが
それでもよい行動を取ろう。

500

あなたができる
最も利己的な行動とは
他人に気前よくすることである。

おわりに

68歳の誕生日に、大人になったばかりの子どもたちにアドバイスを送りたいと思った。僕は頻繁にアドバイスの類いを口にする人間ではないけれど、それでもすぐに68個の言葉を書き出すことができた。自分でも驚きだったのは、伝えたいことが思っていた以上にたくさんあったことだ。そこで、それ以来、毎年の誕生日のたびに新しいアドバイスを書いて、家族や友人に送るのが習わしになった。「もっと、もっと」という求めに応じるうちに、僕自身が若いときに知りたかったと思う500個の言葉が集まった。

本書で紹介するのは、主として時代を超えた叡智とでも呼ぶべき言葉だ。その中には、誰かから聞いた知識もあれば、長年言い伝えられてきた不朽の知恵や、僕自身の経験に照らして共感できた現代の格言もある。真の意味で僕のオリジナルとは言えなくても、すべて自分なりの言葉で表現するよう努めたつもりだ。

これらのアドバイスは、いわば種子のようなものだと思っている。その気になれば、それぞれの言葉を膨らませて、長いエッセーを書けるだろう。それでも、重要な教訓をできるだけ圧縮して、ツイッター（現「X」）の投稿のようにシンプルに記した。読者のみなさんには、自分の状況に合わせ、これらの種子を膨らませて考えてほしい。

そして、本書のアドバイスに共感できた人は、ぜひ自分よりも若い人たちに教えてあげてほしい。

カリフォルニア州パシフィカにて　ケヴィン・ケリー

謝辞

ポール・スロバク（編集）、アマンダ・デューイ（デザイナー）、ジェーソン・ラミレス（カバーアート）、ジョン・ブロックマン（著作権エージェント）、クローディア・ドーソン（プロデューサー）、カミール・ハートセル（ファクトチェック）、シェルビー・メイズリク（広報）、リディア・ハート（マーケティング）、ヒュー・ハウイー（草稿へのコメント）

著者連絡先：kk@kk.orgもしくはウェブサイト（kk.org）

解説

あなたがこの本を読む前に知りたかったかもしれないこと

服部　桂

仲間よ、これは書物ではない。
これに触れる者は人間に触れるのだ。
――ウォルト・ホイットマンの詩集『草の葉』より

「もう本は書かない」と言っていたはずのケヴィン・ケリーが、2022年秋に東京で会ってから、熊野古道を踏破して帰国した後に、「前言を翻すようだが、実は今度こういう本を出すことになった」と送ってきてくれた本書の原稿を読んで、「確かに、こういう本が欲しかった！」と膝を打った。

本書はテクノロジーの動向を分析する彼のこれまでの著作とは違い、思索を重ねる途中でふと出てくる物事や、生き方の本質をズバリ突くような言葉を、コンパクトにまとめた珠玉の至言集である。ここに記されているのは、老年に達した父親ケヴィンが、大切な息子や娘に向けて書いた言葉であり、彼の正直で誠実な本音が見え隠れし、どこか遺言書のような響きさえ感じられる。

飾らない自由人

ケヴィン・ケリーは、1990年代のデジタル業界のトレンドを扱って一世を風靡《ふうび》した雑誌「WIRED（ワイアード）」の創刊編集長を務め、シリコンバレーの最先端のトレンドにも精通する「ビジョナリー」として知られる人物である。「この分野に注目したら儲かる！」「次のトレンドはこれだ！」と吹聴するアナリストやマーケティングの専門家とは一線を画す、物静かで、まるで導師のような風貌の、異色の存在だ。彼はいまでも世界各国で講演をしているが、いつも最小限の荷物で世界中を旅し、主催者が高級ホテルを用意しても、気楽なビジネスホテルで構わないと言って滞在先を移ってしまう。講演料などにも無頓着で、仕事が済むと田舎歩きに消えてしまうような、いたってマイペースの飾らない人だ。

生い立ちと青春時代

ケヴィン・ケリーは1952年にペンシルベニア州に生まれ、ニュージャージー州で育ち、ロードアイランド州立大学に進んだ東部人である。父親は気象学を学んだ「タイム」誌の管理職であった。小さい頃にはコンピュータの展示会に連れていってくれ、彼はその影響もあって科学に興味をもつようになった。高校時代には部屋を科学博物館のように改装しては、鳥はどう飛ぶのか、ブラックライトでなぜ蛍光塗料が光るのか、などを解説するパネルをつくったり、化学実験に勤《いそ》しんだりしていたという。

同時にアートにも興味をもち、当時市場に出始めたばかりの一眼レフカメラに夢中になってからは、写真こそが科学とテクノロジー、アートを融合しようとする自分の趣向に一番合うものだと思うようになった。

彼が青春期を過ごした1960年代は、核兵器の開発による米ソ冷戦が激化し、月を目指すアポロ計画やコンピュータ開発が進むテクノロジーの全盛時代だった。その一方で、戦後生まれの若者たちはベトナム戦争に徴兵されて世の中に疑問をいだき、ロックやドラッグに走り、親世代の古き良きアメリカ文化に対抗する「カウンターカルチャー」を先導し始める。彼もその例にもれず、18歳の頃には自分だけの新しい生き方を模索するようになる。

ケリーは大学では地質学を専攻するも、夏休みには古典をかたっぱしから読みふけり、ある日、19世紀アメリカの「自由詩の父」と呼ばれるウォルト・ホイットマンの『草の葉』を読んで衝撃を受ける。ホイットマンは全国を旅しながら、雄大な風景の中で働く人々の姿を詩の中に見事に描いており、彼にはそれがアメリカ文化を写真のように端的に切り取っていると思えたのだ。ホイットマンの詩に影響を受けた若き日のケリーは、このとき、自分も本にかじりついているのをやめて、外国を旅しながら写真を撮りたいという衝動に駆られたという。

その頃、ちょうど台湾で中国語を習っていた高校時代の親友が声をかけてくれたこともあり、ケリーは、大学を退学して1971年に台北に向かう。その後は父親の友人がいる大阪に足を延ばし、そのままヒッチハイクを繰り返して、フィリピン、韓国、タイ、ビルマ（現ミャンマー）、インドへと旅を続ける。

彼の旅の持ち物はカメラとナイフと寝袋と数着の着替えだけ。アジアの村々では住民たちと深い交流を重ね、西欧文明に毒されていない場所で「テクノロジーという覆いを取り去ったような直接的な経験ができた」と回想する（彼の撮った、失われゆくアジアの風物への優しいまなざしにあふれた膨大な写真は、『*Vanishing Asia*』という大型の3巻本にまとめられ、2022年に出版されている）。

そして、ついに中東にやってきた彼は、復活祭の朝、イエスが処刑されたエルサレムのゴルゴダの丘にある教会の前で神の存在を実感し、自分の使命は「あと6カ月しか生きられないとしたらどう生きるか」を真剣に考えることだと直感する。

こうして足かけ8年ほどのアジア・中東への旅から戻った彼は、預金をすべて寄付し、自転車に乗って、全米各所で暮らす兄弟や両親に会いに行く。やがて、西海岸から東海岸までの5000マイルを旅した後、6カ月目の最後のハロウィーン前夜に両親の家に泊まる。このときの彼は、もう死ぬための用意はすべてできていると思っていたが、翌朝目覚めたときに、自分がまだ生きていることの喜びを、いままでにないほど強く感じたという。

彼は死について考え抜いて行動することで、その先の未来を見つめ直し、改めて喜びを感じることができたのだ。後に彼はカトリックからプロテスタントに改宗し、長老福音派の助祭となって信仰を深めることになる（彼は自らの信仰については何も語らないが、揺るぎない信念をもっている）。

ポジティブなテクノロジー観

本書の中でも「若いうちに半年か1年くらい、できるだけお金を使わずに暮らす経験をしておくといい。なるべくものを所有せず、質素な食事で済ませ、狭いアパートやテントで生活する。その経験をしておけば、将来リスクを負って行動するときに、最悪のシナリオが怖くなくなる」(p.31 no.047) と説いているが、これはまさにアジアを旅した経験からくる言葉だろう。

また、勢いを増すシリコンバレーのベンチャー企業に対しても、真っ先に多くの資金を集めようと考えるのは間違いで、持ちなれない大金に頼って破滅してしまう例が多いと警鐘を鳴らす。例えば、「成功までには長い時間がかかるが、死なない程度にお金があればいい。それは冗談めかして『ラーメン助走路』と呼ばれるもので、昼食にラーメンを食べられるだけのお金があればいいのであり、インスタントラーメンでもいい」(『5000日後の世界』PHP新書) などと、シリコンバレーのビジネスのやり方とは一線を画すアドバイスをしているが、これもアジアで人生をゼロから見つめ直してきた彼だからこそ言える金言だろう。

その後、若い頃に影響を受け、60年代のヒッピーの生き方の指南書にもなった「ホールアース・カタログ」に関わりたいと思っていたケリーのもとに、この雑誌の創設者スチュアート・ブランドから、市場に出たばかりのパソコンソフトを評価する「ホールアース・ソフトウェア・カタログ」の仕事を手伝わないかと声がかかる。

学生の頃にはテクノロジーを悪の象徴のように思っていた彼も、個人がパソコンを所有するようになると、コンピュータにはネットワークでつながって人々のコミュニケーションを促進し、社会のあり方を変えていく有用な側面があることに気づき始める。

その後のケリーの躍進は広く知られる通りだ。後継誌「ホールアース・レビュー」を担当し、1993年には同誌を離れて「WIRED」

誌の創刊を担うと同時に、インターネットやマルチメディアが興隆し始めたデジタル時代に起きていることを詳細にレポートした『「複雑系」を超えて』（アスキー、1999年：*Out of Control*）を発表。次に、テクノロジーとは何かという長年の疑問に答えようとした『テクニウム――テクノロジーはどこに向かうのか？』（みすず書房、2014年：*What Technology Wants*）、さらに、ネット時代のデジタルの意味を12の法則で具体的に解説した『〈インターネット〉の次に来るもの』（NHK出版、2016年：*The Inevitable*）などの話題作を次々と世に出してゆく。

これらの本に通底するのは、テクノロジーや未来に対する楽観的な視点である。テクノロジーは目先の技ではなく宇宙全体の原理のひとつであり、それが私たちの人生により多くの選択を与えてくれるので、上手に付き合うべきだと彼は述べる。本書の中でも「長い目で見れば、未来をつくるのは楽観主義者だ。楽観主義者であるために、人類が生み出す問題の数々を無視する必要はない。人類の問題解決能力が大きく改善すると想像するだけでいい」（p.60 no.112）と、良い面が悪い面を1％でも上回れば、その問題解決を毎日続けていくことで、未来はより良いものになると主張している。

古今東西を超えた視座

彼の著書はいずれも、業界のトレンドを個々に深掘りするというよりむしろ、テクノロジーやデジタル化の背後にある基本的な法則や、その深い意味を探ろうとするものであり、そこで語られているのは、デジタル時代に生きるわれわれに必要な心構えだ。それは、テクノロジーそのものは名前や場所を変えて進化していくが、それらを生み出したり使ったりすることで変わっていく私たち人間の姿勢こそが、この時代を真に理解するためのカギとなることを、彼が誰よりも深く理解しているからだろう。

そして、その主張は本書の中にも集約されている。ここに記されている言葉はケヴィン・ケリーという人の信条や生き様そのものであり、本書の言葉に触れることで、彼の多くの著作も、より深く理解できるようになるだろう。その意味で、これはケヴィン・ケリーの本質に触れる稀有な本であり、時代を画する優れた本を多く手がけてきた彼自身を知るための貴重な手がかりでもあるのだ。

本書はアメリカで出版されると、「テクノロジーのはびこる現代社会を生きる上で必要なことを、短い言葉で端的に表現している」「友人にもプレゼントしたい」などの声が数多く寄せられ、彼が言葉を向けた若者だけでなく、かつての若者だったケリーと同世代の人々にも広く読まれ、幅広い読者を獲得していることがわかる。

ぜひ、毎日数ページでも本書に目を通し、気に入った言葉を日々の生活に当てはめてみてほしい。世の中には歴史的人物が言ったとされる言葉を集めた、たくさんの名言集があるが、この本はまさに、デジタル社会を生きる上で必要な大切な気づきを与えてくれる、すべての人に向けたメッセージなのだ。

業界では彼を「聖人」と評する声も聞くが、現世的なテクノロジーが跋扈《ばっこ》する世界でその深い意味を静かに探り、西欧のキリスト者としての思想や東洋の知もわきまえた東西の懸け橋のような彼独自の世界観は、現代をより正確に理解しようとする貴重な眼差しだと言えるだろう。そしてそれらはこのデジタル時代を経た100年後も、忘れられることなく残り続けるだろう。

彼の会得した人生の知恵を読めば、きっとみなさんも、何か得るものを見つけられるはずだ。

*
* *

ケヴィン・ケリー

Kevin Kelly

雑誌「WIRED(ワイアード)」創刊編集長。著述家・編集者。1952年生まれ。スチュアート・ブランドとともに伝説の雑誌「ホール・アース・カタログ」や「ホール・アース・レビュー」の編集に携わった後、1993年に「WIRED」を創刊。スティーブ・ジョブズやビル・ゲイツ、ジェフ・ベゾスなどの数多くの起業家を取材。テクノロジーと人間の本質を見つめ続けた人物として知られる。「ニューヨーク・タイムズ」「ウォール・ストリート・ジャーナル」「エコノミスト」「サイエンス」などに寄稿するほか、「WIRED」の〈Senior Maverick〉も務める。
主な著書に『〈インターネット〉の次に来るもの』(NHK出版)、『テクニウム』(みすず書房)、『5000日後の世界』(PHP新書)他多数がある。

訳

池村千秋

いけむら・ちあき

翻訳家。主な訳書に『LIFE SHIFT』(リンダ・グラットン＋アンドリュー・スコット著、東洋経済新報社)、『THE POWER OF REGRET』(ダニエル・ピンク著、かんき出版)、『フリーエージェント社会の到来』(同、ダイヤモンド社)、『ミンツバーグの組織論』(ヘンリー・ミンツバーグ著、ダイヤモンド社)他多数。

解説

服部桂

はっとり・かつら

ジャーナリスト、大阪公立大学講師。朝日新聞社で科学部記者や雑誌編集者などを経て現職。著書に『VR原論』(翔泳社)、『マクルーハンはメッセージ』(イースト・プレス)等。主な訳書に『〈インターネット〉の次に来るもの』(ケヴィン・ケリー著、NHK出版)、『テクニウム』(同、みすず書房)他多数がある。

生きるための最高の知恵

ビジョナリーが未来に伝えたい500の言葉

2024年7月22日　第1版第1刷発行

著者	ケヴィン・ケリー
訳者	池村千秋
解説者	服部　桂
発行者	中川ヒロミ
発行	株式会社日経BP
発売	株式会社日経BPマーケティング 〒105-8308 東京都港区虎ノ門4-3-12 https://bookplus.nikkei.com/
カバー・本文デザイン	小口翔平＋神田つぐみ（tobufune）
本文DTP	マーリンクレイン
編集担当	宮崎志乃
印刷・製本	中央精版印刷株式会社

ISBN 978-4-296-00210-8
Printed in Japan

本書籍に関するお問い合わせ、ご連絡は下記にて承ります。
https://nkbp.jp/booksQA